Inhalt

Geschichten aus dem Büro - warum sich der Chef über seinen Spitznamen nicht ärgern soll

Kernthesen

Beitrag

Fallbeispiele

Weiterführende Literatur

Impressum

Geschichten aus dem Büro - warum sich der Chef über seinen Spitznamen nicht ärgern soll

Robert Reuter

Kernthesen

- Spitz- und Spottnamen für Kollegen und Vorgesetzte gehören zum Büroalltag dazu. Die Bezeichnungen sorgen für Psychohygiene, dürfen aber nicht grob beleidigend sein.
- Eine neue Wertschätzung haben die in vielen Betrieben bekannten Nörgler und Skeptiker verdient. So lange ihre Skepsis konstruktiv zur Sprache kommt, liefern sie

oft wertvolle Beiträge etwa bei der Einführung von etwas völlig Neuem.
- Keine Sorgen brauchen sich die Verwender von Dienst-Smartphones machen. Die private Nutzung dieses Arbeitsmittels ist seit diesem Sommer grundsätzlich steuerbefreit.

Beitrag

Spitznamen sorgen für Psychohygiene

Spitz-, Neck- oder Spottnamen für Vorgesetzte und Kollegen sind überall weit verbreitet. Die Namen geben dabei oft Auskunft über hervorstechende Charaktereigenschaften des Namensträgers. So ist von Zornröschen immer mal wieder ein cholerischer Anfall zu erwarten, während sich der Herr Generaldirektor würdevoll aufs Delegieren beschränkt. Im betrieblichen Miteinander übernehmen Spitznamen eine wichtige Funktion für die Psychohygiene. Die Bezeichnungen drücken negative Gefühle gegenüber dem Kollegen genauso aus wie Wertschätzung oder gar Zuneigung und sorgen so für ein austariertes emotionales

Miteinander. Auch die Respektlosigkeit, die man sich gegenüber dem Chef im direkten Kontakt nie leisten würde, findet hier ein wichtiges Ventil.

Besonders erstaunt würden viele Führungskräfte sein, wenn sie in der Kaffeeküche mitbekommen würden, mit welchen Spitznamen sie belegt worden sind. So heißt der heutige Linde-Chef und frühere BMW-Spitzenmanager Wolfgang Reitzler bei seinen Mitarbeitern nur noch Errol Flynn, was er seinem gezwirbelten Bart zu verdanken hat. Auch der dem US-Schauspieler zugeschriebene Hang zum Posieren kommt in dem Spitznamen zum Ausdruck. Ebenfalls nicht nur Sympathie spricht aus dem Necknamen, den sich die Belegschaft der Deutschen Bank für ihren neuen Chef Anshu Jain ausgedacht hat. Der firmiert jetzt ungewollt als Steiff-Tier, weil er infolge noch ungenügender Deutschkenntnisse bei allen Veranstaltungen mit einem Knopf im Ohr für den Simultanübersetzer auftritt. Doch auch Hochachtung kann sich in Spitznamen ausdrücken. So hieß Apple-Chef Steve Jobs bei seinen Mitarbeitern "iGod" oder "His Steveness".

Mit Spitznamen belegte Führungskräfte empfehlen Experten, die mehr oder weniger freundliche Bezeichnung hinzunehmen oder sogar aktiv damit zu spielen. Denn immerhin ist klar, dass nur Langweiler keine Spitznamen bekommen. Aufpassen müssen die Mitarbeiter allerdings mit Necknamen, die den

Tatbestand der groben Beleidigung erfüllen. Ganz weit ist ein abwertender Spitzname von aktivem Mobbing nämlich nicht entfernt. (1)

Bedenkenträger stiften Gedankentiefe

Nörgler und Bedenkenträger gelten im Büro nicht selten als Bremser und machen den Enthusiasten und Begeisterungsfähigen das Leben schwer. Im Büroalltag leisten sie dennoch häufig wichtige Beiträge, denn skeptische Mitarbeiter sorgen mit ihrer Haltung oft dafür, dass in der allgemeinen Begeisterung wichtige Punkte nicht übersehen werden. So übernehmen die Skeptiker die Rolle eines Korrektivs und tragen dazu bei, neuen Projekten, Produkten oder Initiativen den notwendigen gedanklichen Unterbau zu verschaffen. Darüber hinaus ist der Umgang mit dem Nörgler ein wichtiger Test: Lässt er sich von einer Neuerung doch noch überzeugen, gibt dies wertvolle Hinweise auf die Akzeptanz des Neuen auch von außen.

Kritisch ist die Situation allerdings dann, wenn Mitarbeiter aus ihrer ablehnenden und destruktiven Haltung nicht mehr herausfinden. Wenn neue Ideen schon aus Prinzip abgelehnt werden, einfach weil sie Umstellungen erfordern, ist mit solchen Nörglern kein

Staat mehr zu machen. An Führungskräfte ist dann die Aufgabe gestellt, dem Kollegen klar zu machen, dass er mit seiner destruktiven Haltung mehr schadet als nützt, und er darum möglicherweise nicht in das Team passt. (3)

Konservativ passt immer

Keine neuen Trends gibt es bei der passenden Bekleidung für Vorstellungsgespräche und den Büroalltag. Auch in Zeiten gewachsener Lässigkeit sollte man sich am Arbeitsplatz weiterhin bevorzugt konservativ kleiden, raten die Experten. Nach wie vor sorgen Anzug und Kostüm für einen seriösen Auftritt und unterstreichen gleichzeitig die Kompetenz der Person. Besonderes Augenmerk sollte den Schuhen gelten. Gute und geputzte Schuhe sowie Socken, die zur Hosenfarbe passen, bleiben wichtige Äußerlichkeiten, aus denen sich Vorgesetzte wie Kollegen ihr Bild von der Person ableiten. (2)

Tablet-PCs und Smartphones sind steuerbefreit &

Smartphone und Tablet-PC haben in den letzten Jahren auch die Arbeitswelt erobert. Die Dienst-Smartphones werden auch oft für private Zwecke benutzt, was die Frage aufwarf, ob dadurch ein zu versteuernder geldwerter Vorteil eintritt. Diese Frage hat nun der Gesetzgeber beantwortet. Smartphones und Tablets, die der Arbeitgeber den Mitarbeitern zur Verfügung stellt, sind auch bei anteiliger Privatnutzung generell steuerfrei. Diese Regelung gilt - übrigens auch für Netbooks und Ultrabooks - rückwirkend ab dem Jahr 2000. (4)

& Besuche im Fitnessstudio jedoch nicht

Anders sieht die Sache für vom Arbeitgeber bezuschusste oder sogar ganz bezahlte Besuche im Fitnessstudio aus. Wenn der Arbeitnehmer aufgrund eines Firmenfitnessvertrags gar nichts oder weniger zahlt als andere Mitglieder, kann nämlich ein geldwerter Vorteil entstehen. Dieser ist dann steuer- und sozialversicherungspflichtig, wenn der monatliche Sachbezug 44 Euro überschreitet. (5)

Das Finanzamt isst mit

Geldwerte Vorteile entstehen auch, wenn Arbeitgeber ihren Mitarbeitern Mahlzeiten bezahlen. Hier gelten die sogenannten "Sachbezugswerten", die in der Sozialversicherungsentgeltverordnung (SvEV) aufgeführt sind. Für das Jahr 2011 wird ein Mittag- oder Abendessen mit 2,83 Euro taxiert, ein Frühstück ist mit 1,57 Euro zu bewerten. (6)

Trends

Bessere Chancen für Mobbingopfer

Mobbingopfer haben heute bessere Chancen vor Gericht als noch vor einigen Jahren. Wer sich gegen den Mobber wehren will, sollte über erlittene Mobbingattacken Buch führen - in dem auch Zeugen genannt werden - und sich vom Arzt ein Attest ausstellen lassen. Ist die Gesundheit des Opfers nachweislich geschädigt oder werden seine Rechte verletzt, haben Betroffene gute Karten, sich gegen Mobber zur Wehr zu setzen. (7)

Fallbeispiele

Wie man sich gegen seinen Chef wehren kann

Auch Vorgesetzte können Mobber sein. Gleichwohl muss es niemand hinnehmen, wenn er vom Chef ständig beleidigt wird und seinen Schikanen ausgesetzt ist. Wer sich gegen seinen Chef wehrt, kann Glück haben. Es kommt vor, dass Vorgesetzte von ihren Opfern ablassen, sobald sie begreifen, dass die Gegenwehr ernst gemeint ist. Zu rechnen ist jedoch auch damit, dass der Vorgesetzte seine Attacken dann sogar noch steigert und dem Mitarbeiter endgültig seinen Arbeitsplatz zur Hölle machen will. Spätestens bei einer rechtlichen Auseinandersetzung droht häufig der Verlust der Stelle - auch dann, wenn der Arbeitnehmer in der Sache Recht bekommt. Empfohlen wird die Bildung einer Anti-Mobbing-Allianz. Oft bringt man den Chef zum Umdenken, wenn er spürt, dass sich seine Opfer untereinander solidarisieren und gegenseitig stützen. Der nächste Schritt ist, die Personalabteilung und den Betriebsrat über unangemessenes Verhalten von Vorgesetzten zu informieren. Wer schriftlich gegen den Chef vorgehen will, sollte sich von einem Anwalt beraten lassen. (8)

Weiterführende Literatur

(1) Frag Mutti, Major Tom oder Dr. Z.
aus Handelsblatt Nr. 126 vom 03.07.2012 Seite 026

(2) Achtung, Schublade!

aus Zeit Campus, Heft 0/2012, S. 22

(3) Nörgler und Bedenkenträger - Zwischen Drama und Bagatelle
aus ProFirma, Vol. 14, Heft 11/2011, S. 32-34

(4) Private Nutzung von Smartphones und Tablets jetzt steuerfrei
aus COMPUTER-INFORMATIONS-DIENST vom 28.Juni 2012

(5) Fitness über die Firma Geldwerter Vorteil durch
aus Bonner General-Anzeiger, 25.06.2012, S. 10

(6) Mahlzeit: Vor dem Fiskus sind alle gleich
aus PERSONALmagazin, Heft 02/2011, S. 54

(7) Mobbingopfer sollten Buch führen Voraussetzung für eine Klage ist ein Attest
aus Saarbrücker Zeitung vom 02.07.2012

(8) Wie Sie Ihren Chef verklagen
aus Spiegel Online, 30.05.2012

Impressum

Geschichten aus dem Büro - warum sich der Chef über seinen Spitznamen nicht ärgern soll

Bibliografische Information der deutschen Nationalbibliothek

Die Deutsche Nationalbibliothek verzeichnet diese Publikation in der deutschen Nationalbibliografie; detaillierte bibliografische Daten sind im Internet über http://dnb.d-nb.de abrufbar.

ISBN: 978-3-7379-0977-8

© 2015 GBI-Genios Deutsche Wirtschaftsdatenbank GmbH, Freischützstraße 96, 81927 München, www.genios.de

Alle Rechte vorbehalten. Dieses Werk ist einschließlich aller seiner Teile – z.B. Texte, Tabellen und Grafiken - urheberrechtlich geschützt. Jede Verwertung außerhalb der Grenzen des Urheberrechtsgesetzes bedarf der vorherigen Zustimmung des Verlags. Dies gilt insbesondere auch für auszugsweise Nachdrucke, fotomechanische

Vervielfältigungen (Fotokopie/Mikroskopie), Übersetzungen, Auswertungen durch Datenbanken oder ähnliche Einrichtungen und die Einspeicherung und Verarbeitung in elektronischen Systemen.